¿Cómo se esconden los animales?

Bobbie Kalman

Crabtree Publishing Company

www.crabtreebooks.com

Creado por Bobbie Kalman

Autor y Jefe editorial
Bobbie Kalman

Consultores pedagógicos
Elaine Hurst
Joan King
Reagan Miller

Editores
Joan King
Reagan Miller
Kathy Middleton

Revisor
Crystal Sikkens

Diseño
Bobbie Kalman
Katherine Berti

Investigación fotográfica
Bobbie Kalman

Coordinador de producción
Katherine Berti

Técnico de preimpresión
Katherine Berti

Fotografías por Shutterstock

Catalogación en publicación de Bibliotecas y Archivos Canadá

Disponible en Bibliotecas y Archivos Canadá

Información de catalogación en publicación de la Biblioteca del Congreso

Disponible en la Biblioteca del Congreso

Crabtree Publishing Company

www.crabtreebooks.com   1-800-387-7650

Impreso en China/082010/AP20100512

Publicado en Canadá
Crabtree Publishing
616 Welland Ave.
St. Catharines, Ontario
L2M 5V6

Publicado en los Estados Unidos
Crabtree Publishing
PMB 59051
350 Fifth Avenue, 59th Floor
New York, New York 10118

Publicado en el Reino Unido
Crabtree Publishing
Maritime House
Basin Road North, Hove
BN41 1WR

Publicado en Australia
Crabtree Publishing
386 Mt. Alexander Rd.
Ascot Vale (Melbourne)
VIC 3032

¿Qué hay en este libro?

¿Por qué se esconden los animales? 4

Los depredadores también
   se esconden 6

Mezclarse con lo demás 8

Los que cambian de color 10

¿A qué se parece? 12

Jugar a pretender ser otra cosa 14

Usar patrones 16

¿Cómo se ve y se siente? 18

No es necesario esconderse 20

¿Cómo se esconden? 22

Palabras que debo saber e Índice 24

¿Por qué se esconden los animales?

Los animales se esconden para sobrevivir.

Algunos animales se esconden para que los **depredadores** no se los coman.

Los depredadores son animales que cazan a otros animales para comer.

Los animales que cazan se llaman **presas**.

Un zorro es un depredador.

Una ardilla listada es la presa.

Este ciervo bebé se esconde entre las hojas para que el depredador no se lo coma.

Los depredadores también se esconden

Los depredadores se esconden para poder atrapar su presa. Los búhos son depredadores que comen pájaros y ratones. Los colores de los búhos les ayudan a mezclarse donde viven. Al mezclarse, los búhos se esconden de su presa

Es difícil ver a este búho en el árbol.

Busca a su presa desde su casa.

Mezclarse con lo demás

El **camuflaje** les ayuda a los animales a esconderse donde viven. Algunos animales que viven sobre las plantas son verdes. Su color verde se mezcla con las hojas verdes de las plantas.

lagartija anolis

saltamontes

8

Esta oruga es verde, tal como la hoja verde que está debajo. El color de la oruga es su camuflaje.

Los que cambian de color

Algunos animales pueden cambiar de color para igualar el color de las plantas.

El cuerpo de una araña cangrejo se vuelve verde cuando está sobre una planta verde.

Su cuerpo se vuelve amarillo sobre una flor amarilla.

Cambiar de color le ayuda al depredador a esconderse

¿A qué se parece?

Muchos insectos tienen **forma** de hojas, flores o ramas.

Su forma les ayuda a mezclarse con las cosas que están a su alrededor.

¿Qué forma tienen estos insectos?

¿A qué se parece esta mantis religiosa?
Dale vuelta a la página y verás qué otras
formas tiene.

Jugar a pretender ser otra cosa

¿Tratas algunas veces de parecer algo que no eres? Cuando te pones un disfraz, pretendes ser otra persona. Las mantis religiosas tienen muchas formas y colores diferentes. Pretenden ser cosas que no son. Esto les ayuda a esconderse. ¿Qué disfraz de la mantis religiosa te gusta más?

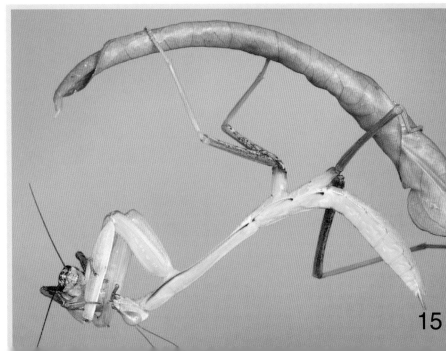

Usar patrones

Algunos animales usan **patrones** para mezclarse. Los patrones son colores o formas que se repiten. Manchas, rayas u otras formas pueden formar un patrón.

Los patrones sobre el cuerpo de este saltamontes son como los patrones de la hoja que está debajo.

16

Las manchas ayudan a este pez a mezclarse con las manchas del coral que está a su alrededor.

coral

coral

¿Cómo se ve y se siente?

La **textura** esconde a muchos animales.

La textura es cómo se ve o se siente

algo al tocarlo.

Un animal puede ser liso o rugoso.

¿Es el caballito de mar liso o rugoso?

caballito de mar

Busca el caballito de mar en esta foto.

¿De qué manera lo esconde su color, forma y textura?

No es necesario esconderse

Algunos animales no se esconden.

En su lugar, les advierten a los demás

que se mantengan alejados.

Hacen la advertencia con colores

fuertes, patrones, formas y texturas.

¿Cómo les advierte este erizo de tierra a los demás que se mantengan alejados?

Los colores fuertes y los patrones de la babosa marina y de la rana de la derecha, les advierten a los demás: "¡Si nos comes, te vas a enfermar mucho!"

babosa marina

¿Cómo se esconden?

1. ¿Qué animal usa un color para esconderse?

2. ¿Qué animal pretende ser otra cosa?

3. ¿Qué animal usa la textura para esconderse?

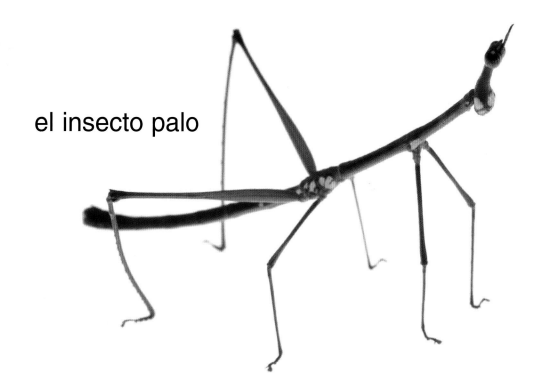

el insecto palo

la rana arborícola

la oruga

Palabras que debo saber e Índice

advertencias
páginas 20–21

camuflaje
páginas 8–9

colores páginas
8, 9, 10–11, 14,
16, 19, 20, 21, 22

depredadores
páginas 4, 5,
6, 10

formas
páginas 12–13,
14, 16, 19, 20

patrones páginas
16–17, 20, 21

presa
páginas 4, 6, 7

pretender
páginas 14–15,
22

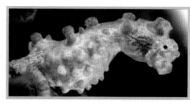

textura páginas
18–19, 20, 22